ЛАНЦЮЖОК СТВОРЕННЯ ВАРТОСТІ МАЙКЛА ПОРТЕРА

Розкрийте конкурентні переваги вашої компанії

ЛАНЦЮЖОК СТВОРЕННЯ ВАРТОСТІ МАЙКЛА ПОРТЕРА

Розкрийте конкурентні переваги вашої компанії

написаний Xavier Robben
перекладено Yaroslav Melnik

ЛАНЦЮЖОК СТВОРЕННЯ ВАРТОСТІ МАЙКЛА ПОРТЕРА

КЛЮЧОВА ІНФОРМАЦІЯ

- **Назви:** ланцюжок створення вартості, ланцюжок створення вартості Майкла Портера.

- **Використання:** підвищення конкурентоспроможності, зниження витрат, збільшення створення доданої вартості.

- **Чому вона успішна?** Вона може бути адаптована до всіх типів бізнесу, кардинально підвищує ефективність і складається з низки чітких і зрозумілих кроків.

- **Ключові слова:** конкурентна перевага, створення цінності, аналітичний інструмент, підрозділ діяльності.

ВСТУП

Історія

Професор Гарвардської школи бізнесу Майкл Портер (Michael E. Porter, 1947 р.н.) відомий своїми роботами з питань конкурентної стратегії, конкурентоспроможності та економічного розвитку націй, держав і регіонів.

У 1980-х роках він почав досліджувати концепцію конкурентних переваг і розробив низку стратегічних теорій у книзі *«Конкурентна перевага: Створення та підтримка вищої продуктивності* (1985). Багато з цих теорій були швидко прийняті підприємствами, які прагнули поліпшити свої результати.

За його словами, компанії досягають переваги завдяки оволодінню конкурентними силами, відомими як "п'ять сил Портера". Це ключова концепція в сучасному менеджменті, яка була досліджена Портером у праці *"Конкурентна стратегія: Методи аналізу галузей і конкурентів"* (1980; перевидана з новим вступом у 1998 році).

Визначення моделі

Ланцюг створення вартості – це низка дій, які здійснюються для того, щоб доставити цінний продукт або послугу на ринок.

Будь-яка компанія, асоціація або організація, яка створює цінність і хоче підвищити свою конкурентоспроможність, може використовувати ланцюжок створення цінності для досягнення своїх цілей. Модель дозволяє підприємствам проаналізувати кожну сферу своєї діяльності з метою максимального вдосконалення кожного кроку, таким чином максимізуючи свою конкурентну перевагу. Ланцюжок створення цінності є цінним інструментом у стратегічному управлінні, оскільки він працює над позиціонуванням товару або послуги на ринку.

Ланцюг доданої вартості має три основні цілі:

* покращення сервісу

* зменшити витрати

* створювати цінність.

ТЕОРІЯ

СТВОРЕННЯ ЦІННОСТІ

Перш ніж розвивати конкурентну перевагу, компанії повинні розуміти концепцію створення цінності. Це аналітична система, призначена для розбиття різних функцій компанії та вивчення їх вартості, з метою максимально ефективного розподілу ресурсів по всьому ланцюжку. Це дозволяє стратегічно позиціонувати продукцію на ринку на основі її вартості або диференціації.

Витрати можна зменшити на:

* оптимізація виробничого процесу;

* закупівля сировини за нижчою вартістю;

* інновації;

* робота над функціональністю продукту для більшої диференціації;

* підвищення якості виробництва;

* підвищення якості обслуговування клієнтів;

* скорочення часу доставки завдяки хорошій логістичній організації.

Ефективний аналіз різних функцій компанії може підвищити продуктивність і привести до стійкого і прибуткового зростання.

КОМПОНЕНТИ

Модель Портера включає дев'ять основних функцій створення вартості, які поділяються на дві категорії:

- Існує п'ять основних видів діяльності, які безпосередньо впливають на додану вартість кінцевого продукту. Ця категорія включає види діяльності, пов'язані з вхідною логістикою (1), операціями (2), вихідною логістикою (3), маркетингом та продажами (4) та послугами (5).

- Існує чотири види допоміжної діяльності, які опосередковано беруть участь у створенні кінцевої доданої вартості. Це діяльність, пов'язана з інфраструктурою компанії (1), людськими ресурсами (2), технологічним розвитком (3) та закупівлями (4).

 ВІДБІР ВИДІВ ДІЯЛЬНОСТІ, ЩО ГЕНЕРУЮТЬ ДОДАНУ ВАРТІСТЬ

Відбір видів діяльності, що генерують додану вартість, здійснюється за трьома критеріями:

- Чи спираються вони на різні економічні механізми?

- Чи становлять вони значну частину витрат?

- Чи впливають вони безпосередньо на конкурентні переваги?

Портер представляє бізнес за допомогою простої діаграми, в якій основні види діяльності розміщені по вертикалі, а допоміжні – по горизонталі. Маржа являє собою різницю між кінцевою вартістю продукту та загальними витратами, пов'язаними з ним (створення, запуск тощо). Розмір маржі залежить від конкурентної переваги кожної з дев'яти функцій бізнесу. Кожна компанія має власну діаграму, яка буде змінюватися в залежності від численних різних факторів, включаючи її характер, галузь, позиціонування та ефективність.

 КОНКУРЕНТНА ПЕРЕВАГА

Конкурентну перевагу компанії над конкурентами можна побачити, порівнюючи їх ланцюжки створення вартості. Якість діяльності має прямий вплив на витрати, задоволеність споживачів та розмір маржі. Аналіз функції не завжди дає позитивний результат, оскільки може виявитися, що деякі функції споживають цінність або генерують меншу цінність, ніж у конкурентів компанії.

Основна діяльність

Основна діяльність — це головні функції, організовані всередині компанії. Вони безпосередньо сприяють створенню продукту, маркетинговій діяльності, політиці продажів, доставці кінцевому споживачеві та післяпродажному обслуговуванню. Хоча не всі підприємства працюють однаково, більшість з них здійснюють ці п'ять основних видів діяльності:

- **(1) Вхідна логістика** відноситься до процедури придбання ресурсів, включаючи сировину, отримання цих матеріалів, введення запасів тощо.

- **(2) Операції** включають використання сировини, виробництво товарів, перевірку якості, пакування, технічне обслуговування тощо.

- **(3) Вихідна логістика** включає в себе випуск товарно-матеріальних цінностей, підготовку замовлень, доставку дистриб'юторам і кінцевим споживачам тощо.

- **(4) Маркетинг та збут** включає просування, комунікацію, ціноутворення, рекламу, управління каналами збуту тощо.

- **(5) Послуги** включають ремонт, технічне обслуговування, післяпродажне обслуговування тощо.

 ВЗАЄМОПОВ'ЯЗАНІСТЬ ОСНОВНИХ ВИДІВ ДІЯЛЬНОСТІ

Ці види діяльності не є незалежними один від одного, і хороший контроль одного компонента може мати позитивний вплив на інші елементи ланцюга. Різні функції взаємопов'язані між собою, що може призвести до низки наслідків при зміні видів діяльності. Ці зв'язки, які часто залишаються непоміченими, відіграють важливу роль в управлінні витратами та конкурентними перевагами.

Допоміжна діяльність

Допоміжна діяльність сприяє безперебійному здійсненню операцій, дозволяючи компанії виконувати та координувати свою основну діяльність з метою досягнення максимальної ефективності. До них відносяться:

- **(A) Інфраструктура компанії**, яка включає загальне, фінансове та адміністративне управління, юридичний відділ та відділи, що відповідають за планування, контроль якості тощо.

- **(В) Людські ресурси,** які беруть участь у процесах найму, навчання, оплати праці, управління навичками, організаційної структури, політики преміювання, звільнень тощо.

- **(С) Дослідження та розробки** включають дослідження та вибір технологій, здатність до інновацій, розробку продуктів або послуг, безпеку продукції, управління патентами тощо.

- **(D) Закупівля (або постачання)** включає в себе методи закупівлі сировини, пошуку постачальників, проведення переговорів з постачальниками, оренду приміщень тощо.

Допоміжна діяльність може впливати на деякі з основних видів діяльності. Однак, незважаючи на те, що описані вище функції є загальними, вони присутні не в кожній компанії.

👁 ВИКОРИСТАННЯ ЛАНЦЮЖКА СТВОРЕННЯ ВАРТОСТІ

Теоретично, компаніям бажано використовувати ланцюг цінності Портера перед тим, як обирати стратегію та позиціонування для кожного продукту. Однак на практиці це не завжди так.

МОДЕЛЬ, ЩО АДАПТУЄТЬСЯ

Визначаючи це поняття, Портер наголошує на нагальній потребі персоналізованого підходу. Він радить компаніям спочатку обирати між коротким та довгим ланцюжком створення цінності, залежно від важливості чи неважливості певних видів діяльності. Іноді також необхідно реорганізувати ланцюжок створення цінності, щоб виділитися серед конкурентів. Нарешті, Портер зазначає, що ключ до конкурентної переваги полягає як у реорганізації, так і у взаємозв'язку різних видів діяльності. Дійсно, якщо один з видів діяльності розвивається незалежно від інших, може виникнути дисбаланс між різними компонентами, що генерує нові витрати.

 ## ЗАЯВКИ ДЛЯ ПОСТАЧАЛЬНИКІВ ПОСЛУГ

Хоча термінологія, яка використовується для представлення концепції, пов'язана з виробництвом продукції ("зберігання", "виробництво", "ремонт" тощо), ланцюг доданої вартості так само добре працює і з компаніями, які надають послуги.

ОБМЕЖЕННЯ ТА ПРОДОВЖЕННЯ

ОБМЕЖЕННЯ ТА КРИТИКА

Хоча модель Портера була розроблена ще у 1980-х роках, вона залишається актуальною і сьогодні та все ще надає необхідний інструментарій для компаній, які прагнуть збільшити додану вартість своєї діяльності та знизити виробничі витрати. Проте, незважаючи на свою беззаперечну ефективність, ланцюжок створення вартості має певні обмеження і все частіше піддається критиці.

По-перше, реалізація цього методу є відносно тривалою і складною:

- обсяг даних, необхідних для використання ланцюга створення вартості, є величезним і часто важкодоступним;

- надто велике поле для інтерпретації, що може зашкодити аналізу та спотворити кінцевий результат;

- недостатня точність може вплинути на результати аналізу.

По-друге, бажання утримувати конкурентну перевагу на ринку спонукає підприємства до впровадження політики управління витратами, що саме по собі є одним з основних обмежень моделі. Якщо всі компанії будуть використовувати таку стратегію управління витратами, то ціни будуть ставати все нижчими і нижчими, але компанії не можуть знижувати витрати до нескінченності.

По-третє, важко визначити поняття створення вартості, пов'язане з цим ланцюжком, оскільки різні економісти по-різному розуміють вартість:

- Неокласична економіка (початок [19] століття) базується на суб'єктивній корисності або відносній цінності, пов'язаній з обміном та необміном виробничих витрат. Іншими словами, цінність товару залежить від цінності іншого товару на тому ж ринку.

- Цьому протистоїть класична економіка (між 1760 і 1848 роками у Франції та Англії), яка сприймає вартість як абсолютну і таку, що визначається відповідно до характеристик об'єкта.

Модель Портера видається ближчою до неокласичної думки і базується на інтерпретації волі споживача. У більш широкому сенсі, критики звинувачують його в загальній недостатній ясності і точності його визначень, і вважають, що його теорії бракує емпіричних даних, які були б необхідні для її обґрунтування.

Обмеження та критика, викладені вище, не є вичерпним переліком, і багато хто погоджується з тим, що основи ланцюжка були доповнені роботами інших менш відомих економістів. Однак, незважаючи на те, що він, безумовно, повинен використовуватися з обережністю, ланцюжок створення вартості залишається життєво важливим інструментом в управлінні компанією.

СПОРІДНЕНІ МОДЕЛІ ТА РОЗШИРЕННЯ

П'ять сил Портера

Майкл Портер завжди намагався розібратися в питаннях, пов'язаних з конкуренцією. За кілька років до публікації свого дослідження про ланцюжок створення вартості він зрозумів, що конкурентна структура компанії є занадто вузько визначеною. Він також створив модель «п'яти сил Портера», яку можна використовувати для підтримки конкурентної переваги та забезпечення довгострокової прибутковості. Цими силами є

- **Конкуренція в галузі.** Компанії в межах одного сектору борються за утримання своїх позицій.

- **Переговорна сила постачальників.** Чим потужніший постачальник, тим більше він може нав'язувати умов (ціна, якість, кількість). Для менш потужних постачальників спостерігається протилежна ситуація.

- **Переговорна сила споживачів.** Вони висувають вимоги до ціни, сервісу та якості, що, в свою чергу, впливає на прибутковість ринку.

- **Загроза появи нових учасників.** Це залежить від таких факторів, як розмір ринку (економія на масштабах), прагнення до диверсифікації бізнесу, вартість входження на ринок, доступ до сировини та технічних стандартів. Нові конкуренти неминуче порушують ієрархію гравців ринку.

- **Загроза появи товарів-замінників.** Вони є альтернативою ринковій пропозиції і, як правило, мають краще співвідношення ціни та якості.

На кожну складову цієї моделі опосередковано впливає законодавство та нормативні акти, встановлені органами державної влади.

ПРАКТИЧНЕ ЗАСТОСУВАННЯ

ПОРАДИ ТА РЕКОМЕНДАЦІЇ

На відміну від загального бухгалтерського обліку, ланцюжок створення вартості не є юридично обов'язкозим, але залишається важливим інструментом корпоративного управління. Хоча можливі різні підходи, вкрай доцільно використовувати традиційний шестиступеневий метод, викладений нижче.

Налаштування аналізу

Першим етапом є визначення сфери, що підлягає перевірці. Це вимагає хорошого розуміння виробничого процесу відповідно до ланцюга створення вартості та виявлення всіх зв'язків між різними видами діяльності. Наступним кроком є визначення початкової точки (постачальники сировини) та кінцевої точки (склад готової продукції або замовник) загальних процесів компанії.

Визначення поточного ланцюга створення вартості

Це передбачає складання репрезентативного ланцюжка створення вартості компанії від А до Я, не забуваючи включати всі різні етапи. Як правило, ці етапи ілюструються квадратами, запаси – трикутниками, а передачі – стрілками.

Цей спрощений ланцюг створення вартості може представляти собою центральну закупівлю (1), яка відправляє товари, що знаходяться на складі, на закупівлю (2). Потім товари відправляються в цех (3), де вони проходять контроль якості (4), перш ніж приєднатися до запасу готової продукції (5). Після того, як продукція замовлена, вона потрапляє до зони дистрибуції (6).

Збір достовірних даних

Цей крок має на меті зібрати відповідну інформацію про всі види діяльності та зв'язки, а також перевірити її достовірність. Дані, які необхідно зібрати, будуть відрізнятися від однієї компанії до іншої залежно від її структури та галузі. Наприклад, компанія, що надає послуги, не цікавиться виробничими процесами, на відміну від промислової компанії. Промислові підприємства повинні дізнатися більше про тривалість циклу діяльності, кількість працівників, необхідних для кожного етапу, відстань і час між етапами, вартість діяльності, ефективність використовуваного обладнання, оборотність запасів, вартість активів, частку дефектної продукції тощо.

Надання схеми та даних

Потім корисно обговорити запланований ланцюжок створення вартості із зацікавленими особами. Наприклад, слід запитати працівників про їхню думку щодо виробничої схеми. Насправді, члени команди можуть мати інший погляд на процес компанії, і консультації з ними можуть виправити будь-які аспекти, які були неправильно витлумачені. На цьому етапі рекомендується додати до діаграми тривалість виконання та тривалість оцінки. Перший показник оцінює час, необхідний для завершення процесу, а другий вимірює час для включення вартості. Порівняння цих двох частин даних може допомогти визначити сфери для вдосконалення.

Реструктуризація ланцюжка створення вартості

П'ятий крок передбачає розгляд переліку питань, розроблених у 1999 році Майком Ротером та Джоном Шуком. Відповіді на ці питання дозволяють компанії переглянути і, можливо, перепроектувати ланцюжок створення вартості. Вісім тем, розглянутих цими двома економістами, покликані сприяти підвищенню конкурентних переваг, і мета цього етапу, по суті, полягає в тому, щоб змінити або ліквідувати види діяльності, які створюють незначну цінність або взагалі не створюють її. Чим ближче період виконання до періоду розробки, тим більше компанія досягла успіху в скороченні непотрібних трансфертів. Після встановлення оптимуму (або балансу) настає час представляти компанію через реструктуризований ланцюжок створення вартості.

Вісім запитань Майка Ротера та Джона Шука:

- Яка тривалість ланцюжка створення вартості?

- Продукція зберігається на складі чи відправляється безпосередньо на відвантаження?

- В яких частинах ланцюга створення вартості можна використовувати безперервну потокову обробку?

- Де вам знадобиться використовувати систему витягування в супермаркеті?

- В якій точці виробничого ланцюга («процес виробництва кардіостимулятора») ви плануєте виробництво?

- Як ви будете вдосконалювати виробництво?

- Як ви будете планувати процес імплантації кардіостимулятора?

- Які відповідні вдосконалення процесів будуть потрібні?

👁 ШТОВХАЙТЕ І ТЯГНІТЬ

Виштовхуючі та втягуючі потоки — це потоки товарів, продукції або інших компонентів, що випливають з прогнозів. Втягуючі потоки визначаються прогнозами, в той час як виштовхуючі потоки генеруються замовленнями клієнтів.

Після того, як ви відповіли на ці питання, важливо:

- кількісно оцінити конкурентну перевагу на основі конкурентного ланцюжка створення вартості на ринку;

- об'єднати різні активи компанії;

- оцінити діяльність, що створює додану вартість;

- врахувати, що конкурентна перевага виникає не тільки від виконання кожного виду діяльності, а й від зв'язків між ними.

Після того, як підприємство визначило напрямки діяльності, які можуть бути покращені, воно повинно знайти необхідні засоби для підвищення ефективності своєї роботи. Рекомендується зробити це на основі переробленої діаграми та перерахувати всі завдання дев'яти видів діяльності (основної та допоміжної). Починаючи з постачальників і закінчуючи першими модифікаціями, компанія повинна буде перезавантажити подальший аналіз на кожному етапі з вихідної точки. Дійсно, один перероблений вид діяльності може мати вплив на інші через зв'язки між ними, і ці модифікації можуть вплинути на ланцюжок створення цінності компанії.

Успіх цього циклу аналізу, де відправна точка завжди однакова, базується на чотирьох правилах:

- процес є безперервним і дотримується виробничого циклу;

- ланцюг забезпечує простий та ефективний контроль виробництва;

- компанія отримує вигоду від покращення управління витратами та замовленнями;

- збільшується швидкість виконання при зменшенні обсягу запасів, що зберігаються.

Поради

Ланцюг вартості Портера є поширеним інструментом у сфері управління, але неправильне використання може знизити його ефективність. Найбільш поширеними помилками є наступні:

- Неточність у визначенні обсягу ланцюга створення вартості.

- Розробка ланцюжка створення вартості зі схеми, яка спотворює взаємозв'язки між видами діяльності.

- Забути про якийсь крок у ланцюжку створення вартості. Тому дуже бажано фізично простежити шлях продукту всередині компанії, від запасів сировини до відвантаження готової продукції, щоб переконатися, що кожен крок повністю включений в аналіз.

ПРАКТИЧНИЙ ПРИКЛАД – ПРОМИСЛОВА КОМПАНІЯ

Контекст

Хоча модель Портера не обмежується промисловими компаніями, ми вирішили використати приклад металургійної компанії, яка має довгий ланцюжок створення вартості. Ця металургійна компанія наполегливо боролася за те, щоб стати лідером світового ринку. На додаток до злиттів та інших придбань, її здатність до адаптації зробила її лідером у своєму секторі. Компанія використовувала різні методи для вдосконалення управління своїм бізнесом, включаючи ланцюжок створення вартості.

Його основна діяльність полягає у складанні різних верстатів та інструментів, які можуть нарізати тонке різьблення на сталевих трубах. Зібрані разом, вони дозволяють клієнтам видобувати газ або нафту.

Компанія закуповує сировину (сталь і чавун) та комплектуючі у різних постачальників. Закупівлі зберігаються до перенаправлення до сортувального центру, де вони повинні пройти перевірку на відповідність вимогам. Після перевірки вони зберігаються у приміщенні, яке називається "власні запаси компанії». Потім деталі відправляються до майстерні. Для цієї компанії управління запасами є складним завданням, оскільки лише 80% деталей є ідентичними від однієї машини до іншої. Клієнти мають свої власні трубки, і пристрої повинні бути здатні адаптуватися до них. Виготовлення виробу є дуже складним процесом і займає від чотирьох до шести місяців. Після завершення, машини зберігаються перед проходженням серії випробувань, щоб переконатися, що вони працюють належним чином. Потім всни упаковуються для мінімізації пошкоджень і транспортуються до місця призначення. Крім того, компанія також займається ремонтом погано відкаліброваного, несправного або застарілого обладнання.

Цей виробничий процес, розроблений понад 25 років тому, використовується і сьогодні, хоча й зазнав певних змін. Компанія реорганізувала свою структуру з метою покращення результатів, незважаючи на складність та високу вартість цього процесу. Це було необхідним рішенням для того, щоб компанія зберегла свою позицію світового лідера в цьому секторі.

Реорганізація ланцюжка створення вартості всередині компанії

Для проведення повного аналізу своєї організації компанія залучила зовнішню команду кваліфікованих експертів з управління:

- Працюючи з менеджерами, вони почали з того, що склали карту видів діяльності для аналізу та обрали початкову точку (отримання сировини) та кінцеву точку (доставка клієнтам). Однак п'ятий основний вид діяльності необхідно було пов'язати з третім, оскільки після ремонту машин на п'ятому виді діяльності вони перенаправляються до замовника.

- Потім вони спроектували ланцюжок створення вартості, подбавши про те, щоб позначити етапи (квадрати), запаси (трикутники) і транспортування (стрілки).

- Потім зовнішня команда підготувала 20-сторінкову анкету для збору точних даних на основі сфер діяльності компанії. Спочатку керівники та їхні інженери відповідали на питання, характерні для їхньої сфери. Потім, для перевірки та коригування даних, експерти зробили цю інформацію доступною для всіх працівників. Їхні коментарі уточнювали раніше надані відповіді. Зовнішня команда також оцінила тривалість часу виконання та відновлення, щоб виявити потенційні причини затримки: після порівняння висновки свідчать про те, що час виконання занадто довгий.

Відповіді на запитання Ротера та Шука дозволили експертам виявити різноманітні недоліки у ланцюжку створення вартості компанії. Компанія це виявила:

- Її конкурентна перевага в ланцюжку створення вартості полягає в ефективному управлінні запасами сировини.

- Її активи в основному базувалися на виробничих витратах, пов'язаних з відмінною робочою силою і продуктивністю машин.

- Було виявлено дві точки для потенційного покращення, одна на виробничому рівні, інша на організаційному рівні. Перший виявив, що велика кількість машин не відповідала вимогам замовника, тоді як другий показав, що час між фазами і складські площі були занадто довгими.

- Багато штук зламалося в процесі виготовлення. Це сталося не через виробничі помилки, а через закупівлі, зроблені далі по ланцюжку, а точніше, через аутсорсинг.

Після проведеного експертами вдосконалення ланцюжка створення вартості, компанія відзначила три основні зміни:

- скорочення часу виготовлення машин;

- зниження виробничих витрат;

- покращення постачання готової продукції, яка більше відповідає очікуванням споживачів.

Проаналізувавши різні виробничі маршрути, компанія змогла вдосконалити деякі напрямки діяльності для оптимізації результатів та збереження лідерських позицій на ринку.

Причини глобального лідерства

- **Координація роботи з клієнтами.** Основною проблемою, з якою зіткнулося підприємство, була недостатня точність у виконанні замовлень клієнтів. Верстати повинні були нарізати різьбу на наявних в цеху трубах, навіть якщо діаметр труби не завжди відповідав вимогам замовника. Тоді їх доводилося повертати на підприємство для коригування. Цю очевидну організаційну проблему вирішили, побудувавши склад, зарезервований для труб замовників. Тепер машини можуть працювати точно, і компанія більше не турбується про скарги.

- **Організація компанії.** На початку компанія була невеликим підприємством з кількома працівниками. З роками кількість замовлень зростала в геометричній прогресії. Компанія поступово зростала, збільшуючи складські площі та кількість приміщень, відведених під майстерні та офіси. Коли перше місцеве відділення стало замалим для здійснення операцій, компанія побудувала друге, потім третє, де ретельно зберігалася сировина та готова продукція. Експерти відзначили, що транспортування важких запасів між першим приміщенням (використовуваним для виробництва) і третім займало занадто багато часу, і що запасам доводилося перетинати весь цех, щоб дістатися до складальної лінії. Тоді компанія вирішила змінити функції перших двох складів. Розміщення їх відповідно до робочого процесу дозволило скоротити відстані між цехом, зонами зберігання запасів і центрами сортування та контролю.

- **Покращення якості деталей, що постачаються на умовах аутсорсингу.** Дані вказували на те, що було занадто багато зламаних деталей, а аналіз показав, що вони в основному надходили від субпідрядників у Східній Європі. Проблема полягала в якості їхньої сировини. Для того, щоб залишатися конкурентоспроможною, компанія не могла виробляти ці механічні деталі самостійно або змінювати постачальників, оскільки всі вони були відносно дорожчими. Для забезпечення якості компанія тепер купує сировину у постачальників у Франції, яку відправляє до Чехії та Польщі для виробництва деталей. Хоча собівартість зросла, компанія зараз виграє від зменшення кількості замовлень.

Без цих значних змін компанія не змогла б залишатися лідером світового ринку. Редизайн ланцюжка створення вартості передбачав прийняття складних рішень, які, хоча і були дорогими, але виявилися корисними для всієї компанії.

РЕЗЮМЕ

- Концепція ланцюжка створення вартості, розроблена Майклом Портером, вперше з'явилася в його книзі 1985 року *"Конкурентна перевага: Створення та підтримка вищих показників діяльності.*

- Ланцюжок створення вартості — це модель управління бізнесом, яка відображає створення вартості в компанії.

- Цей аналітичний інструмент дозволяє компаніям проаналізувати всю свою діяльність для виявлення та вдосконалення найменш ефективних напрямків з метою максимізації конкурентних переваг.

- Ланцюжок створення вартості складається з дев'яти видів діяльності, які можна розділити на дві категорії: п'ять основних видів діяльності та чотири допоміжні види діяльності.

- Аналіз ланцюга створення вартості складається з шести етапів: визначення сфери для дослідження, складання ланцюга створення вартості, збір та перевірка даних, надання даних членам команди для зворотного зв'язку, реорганізація ланцюга та планування дій.

- Цей інструмент має багато переваг: він може бути адаптований до всіх типів компаній; підвищує конкурентоспроможність; надає чіткі та зрозумілі кроки для ефективного проведення аналізу ланцюга створення вартості тощо.

- Однак, оцінка є тривалим процесом, який вимагає великої кількості даних. Крім того, важливу роль відіграє особиста інтерпретація, яка може зробити модель менш точною.

- Ланцюжок створення вартості може використовуватися поряд з іншими не менш важливими моделями в управлінні бізнесом, включаючи знамениті "п'ять сил Портера».

- Ланцюжок створення вартості є потужним інструментом, але використовувати його слід з обережністю. Для того, щоб він був ефективним, важливо розуміти, що кожен аналіз відрізняється від однієї компанії до іншої.

- Удосконалення ланцюжка створення вартості передбачає прийняття комплексних рішень, які в разі успішної реалізації дозволяють компаніям досягати поставлених цілей.

ЧИТАТИ ДАЛІ

БІБЛІОГРАФІЯ

Хартвіч, Ф., Девлін, Д. та Кормава, П. (2011) Діагностика промислових ланцюгів доданої вартості: Інтегрований інструмент. *Організація Об'єднаних Націй з промислового розвитку.* [Онлайн]. [Доступно 10 квітня 2018 року]. Available from: <https://www.unido.org/sites/default/files/2011-07/IVC_Diagnostic_Tool_0.pdf>.

Lachat, D. (2007) Chaînes de valeur, modèles entrepreneuriaux et étalonnage. *Archive ouverte en Sciences de l'Homme et de la Société.* [Онлайн]. [Accessed 10 April 2018]. Available from: <https://halshs.archives-ouvertes.fr/halshs-00124439/>

Магретта, Ж. (2012) *Метод Майкла Портера.* Montreal: Éditions Transcontinental.

Портер, М. Е. (1998) *Конкурентна перевага: Створення та підтримка вищої продуктивності.* Нью-Йорк: Simon & Schuster.

Портер, М. Е. (2008) П'ять конкурентних сил, що формують стратегію. *Harvard Business Review.* [Онлайн]. [Accessed 10 April 2018]. Available from: <https://hbr.org/2008/01/the-five-competitive-forces-that-shape-strategy>.

Ротер, М. та Шук, Д. (1999) *Вчимося бачити: Картування потоку цінності для додавання вартості та усунення MUDA.* Кембридж: Інститут ощадливого підприємництва в Брукліні, штат Массачусетс.

Zeroual, T., Blanquart, C. и Carbone, V. (2011) Управління ланцюгами поставок: можливості та обмеження. L'Apport des théories des réseaux. *Les cahiers de recherche de l'ESCE.*

[Онлайн]. [Accessed 10 April 2018]. Available from: <https://
hal.archives-ouvertes.fr/hal-00595752>

ДОДАТКОВІ ДЖЕРЕЛА

Harvard Business Review. (2011) *"10 обов'язкових для прочитання книг зі стратегії" від HBR.* Бостон: Видавництво Гарвардської бізнес-школи.

Магретта, Дж. (2012) *Розуміння Майкла Портера: основний посібник з конкуренції та стратегії.* Бостон: Видавництво Гарвардської бізнес-школи.

Видавець забезпечує достовірність опублікованої інформації,
за яку, однак, не несе відповідальності.

Майстер ISBN: 9782808601092
Паперовий ISBN: 9782808602549
Юридичний депозит: D/2022/12603/255

Цифровий дизайн: Primento,
цифровий партнер видавництва.

www.ingramcontent.com/pod-product-compliance
Lightning Source LLC
La Vergne TN
LVHW010845200726
843508LV00012B/2765